Klaus Lange

Nach Hause?
Skizzen und Gedanken

Klaus Lange

Nach Hause?
Skizzen und Gedanken

Rediroma-Verlag

Bibliografische Information der Deutschen Nationalbibliothek:
Die Deutsche Nationalbibliothek verzeichnet diese Publikation in der Deutschen Nationalbibliografie; detaillierte bibliografische Daten sind im Internet über http://portal.dnb.de abrufbar.

ISBN 978-3-98527-097-2

Umschlagillustration: cuklom (shutterstock.com)

www.rediroma-verlag.de
6,95 Euro (D)

Für Klara

Inhalt

Erläuterung

Im Folgenden erzähle ich einige kurze Geschichten, wobei deren Bedeutsamkeit in nicht viel mehr besteht, als dass sie Teil meines Bemühens waren, einen Beitrag zu einer vorwiegend stimmungsmäßigen persönlichen Standortbestimmung zu leisten.

Die Geschichten sind nur Momentaufnahmen aus einer Phase der Lebenskrise und der Umstand, dass sie über keinen Spannungsbogen verfügen, ist Ausdruck der wachsenden Überzeugung, dass diese Art von Krise über kein Potential von Wende verfügt, welches dem klassischen Begriff „Krise“ ansonsten zugeschrieben wird.

Es handelt sich vielmehr um das Gefühl des Versinkens im Treibsand des Lebens, auf den man in der Endphase des Lebensweges immer häufiger stößt und dem man auch zum Opfer fällt.

Das Fehlen eines Spannungsbogens ist nicht zuletzt stimmungsmäßiger Ausfluss der Erkenntnis, dass man im Treibsand des Alters eintauchend keine Chance mehr hat, festen Boden unter die Füße zu bekommen.

Nach jeder Geschichte füge ich einige allgemeine bis quasi philosophische Gedanken an, die auf den ersten Blick meistens wenig mit der Geschichte zu tun zu haben scheinen. Es handelt sich um kürzere oder längere bescheidene Reflexionen, die ich aus der Lektüre sogenannter – im weitesten Sinn – „philosophischer“ Schriften abdestilliert habe, also nicht um den unmöglichen Versuch, Neues zu denken. Diese Destillate sind aber wahrscheinlich (sicher bin ich mir darüber aber selbst nicht) Bemühungen, im Treibsand der Lebenskrise vielleicht doch noch irgendwelche Strukturen zu finden, an denen sich festzuhalten das Absacken zumindest noch etwas verlangsamt werden könnte.

Zurück

Er parkte den Wagen und blickte auf Meer und Strand.

Der Parkplatz lag hoch auf den Dünen. Ein hölzerner Knüppelpfad führte in zwei Windungen zum Sand hinab. Rechts und links konnte man kilometerweit den Strand überblicken.

Weit draußen riss der Wind Fahnen aus der weißen Gischt.

Er verschloss den Wagen und ging mit langsamen bremsenden Schritten nach unten. Dann stand er an der Grenze von Sand und Wasser.

Einige Möwen trippelten hin und her und pickten nach etwas, was nicht erkennbar war.

Er schlüpfte aus den Sandalen und ließ das klare kühle Wasser zwischen die Zehen laufen.

Die Sonne hatte sich bereits den westlichen Bergkämmen angenähert. Im Norden stand eine Wolkenbank wie ein Block Pech.

Er ging einige Schritte im Wasser und beobachtete, wie sich kleine Krebse bei zurückflutender Welle blitzschnell eingruben.

Bis zum Flughafen Kapstadt würden es etwa fünf Stunden sein.

Ab und zu jagten die Böen wirbelnde Sandschleier über den Boden.

In irgendeiner Zeitung hatte er gelesen, dass es in München -5 Grad hätte und weitere Schneefälle zu erwarten wären.

Möwen standen in der Luft, ließen sich nach unten drücken, landeten und starteten wieder in flachem Winkel.

Er dachte an einiges, was vor ihm liegen würde nach der Rückkehr.

Ob gerade Ebbe oder Flut war, konnte er nicht sagen.

Ende

Gedanken dazu:

Zurückkehren oder Heimkommen ist eines der grundlegendsten Leitmotive eines jeden Lebens.

Kaum eine Aussage enthält so viel unvermittelte Wahrheit und Bedeutung wie der bekannte Aphorismus von Novalis:

„Wohin gehen wir? Immer nach Hause“.

In den obigen Zeilen ist eine Situation beschrieben, die den Rahmen für eine ganz spezifische Heimkehr vorstellen lässt: Rückkehr aus sehr großer Ferne.

Wenn Novalis aber Recht hat, dann besteht die Situation des Heimkehrens immer und wahrscheinlich hätte er nichts dagegen, so verstanden zu werden, dass sich unser ganzes Leben aus unendlich vielen Momenten von Heimkehr zusammensetzt:

Ob wir absichtslos aus dem Fenster sehen, ein Gespräch führen oder die Geschirrspülmaschine einschalten oder was auch immer machen, wie Atmen, den Wagen waschen, Einkaufen u.v.m. – immer handelt es sich um einzelne Bestandteile der umfassenden Heimkehr, die man auch mit dem Begriff „Leben“ bezeichnen kann.

Man könnte es auch so sagen: Selbst wenn der Weg das Ziel ist, gehen wir doch immer nach Hause.

Wenn man die Aussagen großer Denker, Propheten, Religionsstifter, aber auch der neuen Eliten von Wissenschaftlern, die vom engen Zusammenhang von Beobachtung und Resultat ausgehen, auf ihren wesentlichen Gehalt eindampft, dann wird man letztendlich darauf kommen, dass „Realität“ als „Heimkehr“ gedacht werden muss und dass auch unser Leben als Heimkehr gedacht und gefühlt werden muss, wollen wir uns nicht in einer Wildnis von Absurditäten verirren.

Warten bis Ende Mai

Während einer Chemotherapie, die ich anfangs ambulant vornehmen ließ, dann aber aufgrund rapiden Kräfteverfalls stationär beendete, lernte ich einen Leidensgenossen kennen, der sich zur Vorbereitung seiner Operation eines Speiseröhrenkrebses ebenfalls einer Chemotherapie unterzog.

Zwischen uns herrschte sofort eine gewisse Grundsympathie, was auch damit zu tun gehabt haben mag, dass wir beide gerne Musik machten; er mehr auf anspruchsvollem klassischem Gebiet, während ich auf der Bluesharp trötete, wenn sich irgendwo dazu eine Gelegenheit bot.

Nachdem wir unser medizinisches Pensum hinter uns gebracht hatten – ich drei Chemozyklen, er einige mehr plus einer komplizierten Operation –, haben wir uns immer wieder einmal telefonisch kontaktiert.

Bei unseren Gesprächen strahlte er immer eine positive Stimmung aus, weil er sich auf dem Weg der Wiederherstellung fühlte und ihm – im Gegensatz zu mir – auch alles schmeckte.

Als Wermutstropfen war nur zu vermerken, dass er als Konsequenz seiner Operation, bei der der Magen angehoben worden und auch verkleinert worden war, weniger essen konnte und deshalb Schwierigkeiten hatte, sein Gewicht zu halten.

Dann kam ein Anruf, in dem er mir mit unverändert positiver Stimmlage erzählte, dass man bei ihm ein Rezidiv festgestellt hatte und ihm eröffnet wurde, dass nun eine Entscheidung über eine Chemo – oder/und eine Strahlentherapie anstehen würde. Keine dieser Optionen sei für ihn akzeptabel, meinte er und so würde sein weiteres Verhalten erst einmal so aussehen, dass er die weitere Entwicklung einfach beobachten lassen würde. Vielleicht würde es ja auch so sein, dass das „Gewächs“, wie er sich ausdrückte, einfach zum Stillstand kommen würde.

Daneben hatte er noch einen weiteren Gedanken: Bei seinen Recherchen im Netz war er auf eine neue Methode hochpräziser Bestrahlung gestoßen, die sich „Cyber Knife“ nannte. Er würde sich mit dem zuständigen Unternehmen in Verbindung setzen und ihm alle seine Befunde übersenden und dann auf entsprechende Aussagen dazu warten, ob „Cyber Knife“ in seinem Fall anwendbar wäre.

Ich konnte aus seiner Stimme entnehmen, dass er mit „Cyber Knife“ einige Hoffnung verknüpfte.

Einige Wochen nach diesem Gespräch hatte ich ihn wieder angerufen.

Nach wenigen einleitenden Sätzen teilte er mir mit dem für ihn so typischem gefassten Tonfall mit, dass eine Behandlung mit „Cyber Knife“ aufgrund der Besonderheiten seines Rezidivs nicht möglich sei, wie man ihm mitgeteilt habe.

Dabei unterstrich er die positive Promptheit der Antwort, die er ganz kurz nach Übersendung seiner Unterlagen erhalten hatte.

Auf meine Frage, was er denn nun zu unternehmen gedachte, antwortete er, dass er auf die Ergebnisse einer weiteren Untersuchung warten wolle, die für Ende Mai, also in etwa drei Wochen angesetzt sei. Was dann passieren würde, etwa wenn das „Gewächs“ gewachsen sei, könne er nicht sagen. Nach wie vor würde er aber eher dazu neigen, sich keiner weiteren Chemotherapie zu unterziehen.

Momentan gehe es ihm gut und sei der nächste Schritt einfach der, bis Ende Mai zu warten.

Ende

Gedanken dazu:

Wenn sich eine Gefahr herausbildet und sich gleichzeitig die Optionen verringern, dieser Gefahr zu begegnen, dann neigt der Mensch oft dazu, den Zeitraum bis zur wahrscheinlichen konkreten Manifestierung der Gefahr in Abschnitte einzuteilen nach dem Motto: Erst einmal warte ich Abschnitt A ab, dann kommt Abschnitt B und dann erst sehe ich weiter.

Die Basisideologie, auf der dieses Verhalten beruht, lässt sich in dem Satz zusammenfassen, dass man erst dann über die Brücke gehen kann, wenn man bei ihr angekommen ist.

Ein Beispiel dafür, wie sich dieses autopsychologische Management auswirken kann, wäre folgendes:

Jemand spürt Schmerzen im Knie. Er unterzieht sich einer MRT und das Ergebnis ist, dass ein Meniskus eingerissen ist und ein entsprechender Eingriff angemessen wäre.

Die Vorstellung eines Eingriffes ist dem Betroffenen unangenehm und so beschließt er, erst einmal für einige Zeit zu versuchen, mit Schmerzmitteln über die Runden zu kommen. Danach setzt er eine erneute Untersuchung in der Hoffnung an, dass sich vielleicht der Körper selbst zu reparieren beginnt. Und so unterteilt er die Zeit bis zu einem möglichen Eingriff in mehr und mehr Abschnitte, wodurch er Zeit bis zur ungeliebten Entscheidung zu gewinnen versucht.

Der Zeitraum bis zur Entscheidung wird also in Häppchen eingeteilt, die psychologisch verdaubar sind.

Ein solches Vorgehen setzt aber einen Begriff von Zeit voraus, der außerordentlich fragwürdig ist:

Dieser Begriff von Zeit ähnelt sehr dem einer Wegestrecke, die von A in Richtung B führt, wobei zwischen Anfang und Ziel Rastmöglichkeiten bestehen, wo wir eine Pause machen können, wo wir uns auch auf unbestimmte Zeit niederlassen können und wo sich vielleicht sogar die Überzeugung herausbildet, dass wir in die Richtung umkehren können, aus der wir gekommen sind.

So oder so, diesem Ansatz liegt das Konzept vom „Zeitpfeil" zugrunde, die in einigen physikalischen Ansätzen wiederum von der Vorstellung wachsender Entropie lebt.

Es gibt aber auch noch andere, gleichwertige Ansätze, um sich einer Antwort auf die Frage zu nähern, womit wir es eigentlich zu tun haben, wenn wir von „Zeit" sprechen, auch wenn solche Ansätze auf einer ganz anderen Ebene liegen als derjenigen, die der „Mainstream" anbietet.

Weitaus angemessener als Erklärungen zum Wesen der Zeit, die mit Konzepten von „Zeitpfeil" bzw. „Entropie" herumbasteln, erscheint der Ansatz des Augustinus, der mir auf die Überzeugung hinauszulaufen scheint, dass es sich bei „Zeit" insofern um etwas grundsätzlich Rätselhaftes handelt, als wir bei dem Versuch scheitern werden, dieses in Begriffen und begrifflich konstituierten Gedankengängen zu erfassen.

So verstehe ich die bekannte Aussage von Augustinus, „wenn niemand mich danach fragt, weiß ich es; wenn ich es jemandem auf seine Frage erklären will, weiß ich es nicht."

Dieser Ansatz verträgt sich sehr gut mit jenem Trend in der neueren physikalischen Theoriebildung, in dem die Unterscheidung zwischen Vergangenheit, Gegenwart und Zukunft zunehmend an Bedeutung verliert. Bekannt ist in diesem Zusammenhang ein Satz, der in einem Kondolenzbrief Einsteins aus dem Jahr 1955 zu finden ist:

„Für uns gläubige Physiker hat die Scheidung zwischen Vergangenheit, Gegenwart und Zukunft nur die Bedeutung einer wenn auch hartnäckigen Illusion."

Die Konsequenz einer solchen Sichtweise ist wahrscheinlich u.a. die, dass alles schon immer vorhanden ist.

Unsere eigene denkerische und sprachliche Verortung als Teil eines Universums, in dem es so etwas wie einen „Zeitfluss" gibt, erschwert oder verunmöglicht einen Paradigmenwechsel zugunsten eines in umfassender Gleichzeitigkeit konstituierten raumzeitlichen Blockuniversums. Unter anderem haben Einstein, Minkowski, auch Gödel, einen entsprechenden Paradigmenwechsel angedacht. Ich weiß nicht, ob die Entwicklung der Sprache der Mathematik hier hilfreich einzuspringen im Begriff ist, aber ich habe zumindest den Eindruck gewonnen, dass es jedenfalls Arten von Meditation gibt, die uns die Möglichkeit eröffnen, aus der gedanklichen Zwangsjacke des Mainstream auszubrechen und uns der realen Realität mittels eines meditativ erspürten (nicht gedanklich dingfest gemachten) Präsentismus anzunähern. Dabei ist auch religiös bestimmte Meditation als mindestens absolut gleichwertig anzusehen: Das Beten des Rosenkranzes kann uns der realen Realität ebenso näherbringen bzw. vom Mainstream-Denken befreien wie jahrelange Meditation in einer Eishöhle im Himalaya.

Der in meiner Geschichte genannte Krebs-Leidensgenosse ist inzwischen verstorben.

Als er sich auf seinem Zeitpfeil noch die Marke „Ende Mai“ gewährte, war sowohl sein Ende im üblichen Sinn bereits vorhanden, wie auch seine ungebrochene Präsenz.

Lehren aus dem Leben ziehen

Er saß auf einer Bank der Hotelterrasse und hatte ein Weißbier vor sich stehen.

Ein stattlicher Mann mit vollem weißem Haar und sein Blick sagte mir, dass er einem Gespräch nicht abgeneigt wäre.

Da auch meine Gesellschaft nur in einem Glas Bier bestand, sprach ich ihn an. Wir rückten unter Einhaltung des üblichen Corona-Abstandes mit unausgesprochenem Einverständnis etwas aufeinander zu und begannen die üblichen ersten Anmerkungen auszutauschen. Von der Wiese im Hintergrund kam das rieselnde Geräusch eines kleinen Baches, der ein Forellenbecken speiste.

Nach wenigen Floskeln über das zu erwartende Wetter, welches er einschätzen zu können meinte, weil er bereits mehrere Jahre am Ort lebte, kam er auf den Schwerpunkt seines Lebens zu sprechen:

Er hatte über viele Jahre einen namhaften Fußballverein trainiert, hatte seine Trainerlaufbahn in zahlreichen vor allem außereuropäischen Ländern fortgesetzt und trainierte nun die Jugendmannschaft des örtlichen Vereins.

Im Westen zogen Gewitterwolken auf und mein Gesprächspartner zahlte und machte sich an den Aufbruch, um dem zu erwartenden Regenguss zu entgehen.

Ich konnte ihn noch fragen, welche wichtigen Lehren er möglicherweise aus seinem abwechslungsreichen Leben gezogen hatte.

Er sagte darauf: „Ich trinke seit über zwanzig Jahren dasselbe Weißbier und habe noch kein besseres gefunden. Also bleibe ich auf jeden Fall dabei.“

Nachdem er gegangen war, empfand ich einen gewissen Neid darüber, dass er bei diesen Worten eine runde Zufriedenheit ausstrahlte, die mir abging.

Ende

<u>Gedanken dazu:</u>

Ich habe lange darüber nachgedacht, welche abstrakteren Aspekten das oben skizzierte banale Erlebnis näherbringen könnte. Daran, dass solche Aspekte gefunden werden könnten, habe ich keinen Zweifel gehabt.

Der folgende Kommentar hat sich dann nach und nach aus meinen Bemühungen herausgeschält:

Mein Gesprächspartner war ein Mann mit ursprünglich vergleichsweise weitem Feld von Aktivitäten, dessen Lebenswelt aus welchen Gründen auch immer zunehmend kleiner geworden ist.

Nun hatte sie sich aus welchen Gründen auch immer verkleinert und bestand im Wesentlichen aus den folgenden Komponenten:

Spaziergang mit seinem Hund von seiner Wohnung auf dem nahegelegenen Campingplatz, wo er nicht näher beschriebene Platzwartfunktionen ausübte, zu dem Hotel, in dem ich Station gemacht hatte. Dort nahm er auf der Terrasse Platz und genoss über einen Zeitraum von zwei bis drei Stunden einmal mehrere oder wenigere Flaschen jenes Weißbieres, für das er sich endgültig und ausschließlich entschieden hatte. Wenn er während seines Weißbierrituals mit jemandem ins Gespräch kam, erzählte er von seiner Vergangenheit als bedeutender Fußballtrainer, wobei er auch an exotischen Plätzen gefragt war.

Nun lebte er in einer viel kleineren Welt, in der er aber nach eigenem Bekunden sehr zufrieden war.

Wie würden Existenzialisten ein solches Leben kommentieren, wenn sie sich das Diktum von Sartre zu eigen gemacht hätten, nämlich dass die Existenz der Essenz vorausgeht?

Ist es denkbar, dass eine Veränderung der Existenz auch eine Veränderung der Essenz nach sich ziehen würde?

Wenn man das Verhältnis von Existenz und Essenz so versteht, dass sich der Mensch in Freiheit selbst konstituiert, dann würde es naheliegen zu denken, dass eine Einengung der Existenz auch einen Rückbau der bereits manifest gewordenen Freiheit bedeutet.

Ein nächster Schritt wäre es auch zu denken, dass das Alter mit seinem vielfältigen physischen und intellektuellen Abbau auch einen Rückbau bereits erlangter Freiheit implizieren würde. Diesen Schluss würden sehr viele Menschen, die das Altern erfahren, unterschreiben.

Die interessante Frage aber wäre die, ob nicht die Erfahrung und die Erkenntnis eines Rückbaus von Freiheit nicht auch ein Moment von Freiheit einschließt, welches in dem Maß wächst, in dem jene Erfahrung und Erkenntnis zur Kenntnis genommen wird.

Es stellt sich weiter die Frage, ob Hegel mit seinem (sicher in anderem Kontext formulierten) Satz, dass Freiheit Einsicht in Notwendigkeit sei, nicht bereits schon über das existentialistische Diktum von der Priorität der Existenz hinausgehen konnte.

Dann wäre der erwähnte Weißbierkenner möglicherweise sogar in dem Maß freier geworden, in dem seine Lebenswelt geschrumpft ist.

In den Herbst hinein

Auf dem kleinen Schreibtisch stand ein Porzellanelefant, den seine Mutter mit in die Ehe gebracht hatte und mit dem er bereits als Kind ab und zu hatte spielen dürfen.

Zwei Photographien über der linken Ecke des Schreibtisches zeigten seine Eltern während verschiedener Urlaubsaufenthalte in Südtirol. Ein Bild zeigte sie bei Sonnenschein an einem Tisch, auf dem zwei Gläser mit Rotwein und zwei Flaschen mit Mineralwasser standen. Auf dem anderen Bild saßen sie auf einer Bank vor einer Mauer aus Natursteinen. Auf diesem Bild gab es keine Sonne und seine Mutter, die eine rote Strickjacke trug, trug bereits erste Spuren einer beginnenden Demenz im Gesicht.

Als es von der nahen gotischen Kirche 16:00 Uhr schlug, blickte er aus dem Fenster und stellte fest, dass der Regen, der in den Stunden der Schlaflosigkeit ein gleichmäßiges leises Trommeln erzeugt hatte, inzwischen aufgehört hatte.

Dann stiegen auch schon wieder Gedanken von Begrenztheit und Endlichkeit in sein Bewusstsein. Eine nicht übersehbare Zahl von Freunden und Bekannten, die in den letzten drei bis fünf Jahren verstorben waren, hatte auf sein zunehmend kurzatmiges Bewusstsein abgefärbt:

Die Zeitspannen von Heiterkeit waren immer kürzer geworden und er musste bemerken, dass er sich immer mehr auf den Moment des Einschlafens freute, weil ihm dann die zu erwartenden Träume die Realität einer anderen Realität signalisierten.

Entsprechend unangenehm war das Aufwachen, welches ihn in einen weiteren Tag hineinzwang, der ihn nicht wirklich interessierte, sondern der ihn dem Alp würgender Perspektivlosigkeit aussetzte.

Seit einiger Zeit hatte er sich darum bemüht, aus der Beschäftigung mit esoterischen Gedankengängen aller Art neuen Sinn zu schöpfen.

Bisher musste er sich aber eingestehen, dass der erhoffte Ertrag ausgeblieben war.

Gegen 18:00 Uhr würde er in einer seiner Stammkneipen einlaufen, wo er nach einem jüngsten Mini-Auftritt seine Tasche mit den Bluesharps vergessen hatte.

Wahrscheinlich würde er sich auch wieder einen Tequila und ein Jever genehmigen, bevor er wieder nach Hause radeln würde.

Da das Wetter unbeständig zu bleiben drohte, hängte er seinen Regenhut an die Türklinke, um ihn nicht zu vergessen.

Was war das eigentlich alles?

Er ging ins Wohnzimmer, schaltete das neue Fernsehgerät ein, nahm sich vor, etwas zu essen, und warf einen letzten Blick auf die Äste der Bäume, die sich in einem leichten auffrischenden Wind zu bewegen begonnen hatten.

Ende

Gedanken dazu

Die oben angedeutete Stimmung ist eine von Perspektivlosigkeit und Antriebsmangel geprägte, wobei die genannten Banalitäten einen entsprechenden Resonanzboden abgeben.

Jeder Mensch erlebt solche Stimmungen immer wieder einmal, aber ich habe den Eindruck gewonnen, dass diese mit zunehmendem Alter meistens häufiger werden.

Die meisten Menschen wollen sich diesem Prozess nicht ohne Widerstand hingeben, sondern suchen nach Möglichkeiten, um den Zustand einer zunehmend trüben Realität so weit in Frage zu stellen, dass die Ahnung einer anderen, wesentlicheren Realität sich als vorherrschende Vorstellung im Bewusstsein festzusetzen beginnt.

Die Wege, die verschiedene Menschen ausprobieren, um der Scheinhaftigkeit einer Realität zu entkommen, die vor allem dazu angetan ist Lebendigkeit zu neutralisieren, sind sehr vielfältig.

Man muss nur die einschlägigen Fernsehkanäle durchkämmen, um zu sehen, wie hartnäckig sich Menschen darum bemühen, die Existenz einer realeren Welt zu beschwören, als es diejenige ist, die sie früher oder später in den Treibsand der Depression gleiten lässt.

Da finden sich Talkshows u.a., in denen Mediale aller Art, Geister- und Engelseher, Schamanen, religiöse Mystiker, Jenseitserfahrene und Para-Experten dabei wetteifern, ihre behaupteten Kenntnisse der Realität einer zugrundeliegenden anderen realeren Realität zu vermarkten. Dass sich diese Events eines schnell wachsenden Interesses erfreuen, zeugt von der geradezu verzweifelten Sehnsucht sehr vieler Menschen nach einer Welt, die mehr ist als eine funktionalistisch materialistische Veranstaltung, welche jede Antwort auf die Sinnfrage schuldig bleibt.

Sicherlich gibt es – eine Anleihe bei Shakespeare – vieles zwischen Himmel und Erde, wovon sich unsere Schulweisheit nichts träumen lässt, aber wenn es um eine realere Realität geht als diejenige, in der uns der Mainstream verortet, dann sehe ich letztendlich nur zwei grundlegende Ansätze, die Aufmerksamkeit verdienen:

Die Überzeugung, dass alles auf göttliche Schöpfung zurückzuführen ist, und zweitens die Meinung, dass diese Welt eine Simulation ist.

Beide Ansätze sind sich weit näher, als man auf den ersten Blick meinen könnte:

Ob eine allmächtige Entität, die man Gott nennen kann, das ganze Sein und alles Seiende konzipierend realisiert hat oder ob jemand oder ein – aus unserer Sicht allmächtiges – Etwas einen Supercomputer eingeschaltet hat, der das All mit allen Akteuren und Prozessen perfekt simuliert, spielt letztendlich keine grundsätzlich unterschiedliche Rolle.

In beiden Ansätzen findet sich die implizite Überzeugung, dass es hinter „unserer“ Realität noch eine realere Realität gibt:

Der Film „Matrix“ lebt in hohem Maß von diesem Gedanken, aber auch einige Kernsätze, die Krishna in der Bhagawadgita an Arjuna richtet, und auch Hegels Vorstellung von der Welt als eine Entäußerung des absoluten Geistes gehen in diese Richtung.

Die Vorstellung, dass es sich bei unserer Welt um eine Simulation handelt, ist diesen Ansätzen zwar nicht begrifflich nahe, auf jeden Fall aber der Denkfigur von Realität als einer Entäußerung einer Entität – Computer, Krishna, Gott oder absoluter Geist, in deren Macht es jederzeit steht Entäußerung zu schaffen, aufrechtzuerhalten oder auch wieder zu beenden.

Die These von unserer Welt als einer Simulation wurde vor nicht langer Zeit von Elon Musk vertreten und hat vor allem wegen dessen VIP-Status große Aufmerksamkeit erregt, nicht weil der Mainstream wirklich von dieser These berührt wurde.

Interessanter erscheint dagegen die Argumentation von Thomas Campbell, der ebenfalls die Simulationsthese vertritt, diese aber insofern überzeugender vertritt, indem er zeigt, dass diese These in der Lage ist, die wesentlichen Aporien der „Urknall"-Theorie auf den Begriff zu bringen.

Ich halte die Simulationsthese für so interessant, dass ich ihr im Folgenden einen Exkurs in Form von Fragen und Antworten widmen möchte, der das bisherige Format von „Gedanken dazu" sprengt:

F.: Kann es sein, dass wir in einer Simulation leben und auch Teil einer Simulation sind?

A.: Eine für mich gute Antwort gibt Thomas Campbell, der u.a. auf die Fragwürdigkeit der „Urknall"-Hypothese verweist:

Diese Hypothese wirft so viele und auch so massive Fragen auf, dass man sie am besten aufgibt. Viel besser, als dass man sich mit unbeantwortbaren Fragen herumschlägt, wie u.a. der nach dem Vorher des Urknalls, oder der nach dem Wie der Entstehung von Zeit und Raum im Urknall, erscheint es plausibler, sich vorzustellen, dass jemand einen nach unseren Maßstäben unendlich leistungsstarken Computer gestartet hat, der das Universum in seinem Sein und in seiner Entwicklung perfekt zu simulieren in der Lage ist.

Abgesehen von den Aporien, welche die Urknall – Hypothese mit sich bringt, fällt mir noch ein weiteres Argument ein, das die Vorstellung von der Welt als einer Simulation nahelegt: Ich spiele auf die von den Eleaten thematisierten Paradoxa an, die man mit folgendem Gedankenexperiment zusammenfassend darstellen könnte:

Wenn ein Pfeil abgeschossen wird, dann müsste er auf dem Weg zum Ziel erst eine Teilstrecke, sagen wir die halbe Distanz, zurücklegen und so fort – wir können uns damit einen unendlichen Regress vorstellen, in dessen Konsequenz es liegt, dass der Pfeil niemals die Sehne verlassen kann, weil die erste zurückzulegende Teilstrecke unendlich klein ist. Eine unendlich kleine Strecke kann aber auch als „0“ bezeichnet werden.

Oder: In dem Maß, in dem die Zahl der Wiederholungen einer Verkürzung der verbleibenden Reststrecke unendlich ist, geht die Länge der Reststrecke gegen 0. Der Unterschied zwischen einem gegen Null Gehen und Null spielt aber keine Rolle, wenn die Zahl der Verkürzungen unendlich ist: Der Pfeil kann die Sehen nicht verlassen.

Die Argumentation der Eleaten kann m.E. nur durch die Annahme eines unendlich Kleinen oder „Infinitesimal“ in Frage gestellt werden, was logisch, letztlich aber nicht wirklich zufriedenstellen ist.

Die Alternativen lauten:

Man nimmt an, dass unsere Realität ein Kontinuum bildet, welches auch die Vorstellung eines unendlich Kleinen zulassen würde, oder wir gehen von einer virtuellen Welt bzw. einer Simulation aus; dann könnte man davon ausgehen, dass diese Simulation – wie fein auch immer – „gepixelt“ ist.

Im zweiten Fall könnte man die Bewegungsparadoxa der Eleaten (unter denen das des Wettlaufes zwischen Achilles und der Schildkröte das bekannteste ist) mühelos überwinden und könnte sich die diesbezüglichen Bauchaufschwünge der Mathematik ersparen, weil es in einer gepixelten Simulation kleinste, aber nicht unendlich kleine Entfernungen gäbe, über die sich der Pfeil in Richtung Ziel „hangeln“ könnte.

Die konkrete Erfahrung, dass der Pfeil ja doch zum Ziel gelangt, würde mit der Vorstellung einer simulierten Welt also mühelos in Einklang zu bringen sein.

F.: Wer ist dieser „Jemand“, der den Supercomputer eingeschaltet hat, der dann das Universum simuliert?

A.: Die beste Antwort, die mir hierzu einfällt, ist von Hegel geborgt:

Es handelt sich bei dem „Jemand“ um den „absoluten Geist“, außerhalb dessen nichts ist und der sich als Vielfältigkeit der Welt entäußert, um durch Auseinandersetzung lernen bzw. wachsen zu können. Man könnte auch versucht sein, zu sagen, dass sich der absolute Geist ohne die Möglichkeit der Entäußerung bzw. der Schaffung von Emanationen sozusagen „langweilen“ würde und dass er das „Computerspiel“ des Universums benötigt, um seiner grundlegenden Bestimmung, dem Wachsen, Genüge tun zu können.

F.: Wenn der Mensch Teil jener unendlich komplexen virtuellen Welt ist, die sich der absolute Geist geschaffen hat, um in der Auseinandersetzung mit dieser Welt wachsen zu können, wie ist es dann möglich, dass der Mensch überhaupt in der Lage ist, die Hypothese zu denken, dass er (nur) Teil einer Art Computersimulation ist?

Wie kann es sein, dass eine Simulation erkennt, dass sie Simulation ist?

A.: Wenn es richtig ist, dass sich der absolute Geist zum Zweck des Lernens bzw. Wachsens in eine virtuelle Welt entäußert, dann macht es Sinn, wenn er die denkenden Bewohner dieser virtuellen Welt (es müssen nicht nur Menschen sein) mit einem Denkvermögen ausstattet, welches seinem eigenen, zumindest was den Freiheitsgrad des Denkens betrifft, möglichst nahekommt.

Andernfalls könnte man den nach Wachstum strebenden absoluten Geist mit einem Kraftsportler vergleichen, der mit viel zu geringen Gewichten trainiert, als dass dadurch Muskelwachstum bewirkt werden könnte. Der absolute Geist muss also ein Interesse daran haben, seine Kreationen mit einem Denkvermögen auszustatten, an dem er sich so abarbeiten kann, dass ihm die Interaktion mit den von ihm geschaffenen „Spielfiguren" einen ausreichenden Wachstumsreiz verschafft:

Ein Großmeister des Schachs wird auch keinen Gewinn daraus ziehen gegen einen Schachcomputer zu spielen, wenn er diesen auf der niedrigsten Spielstärke laufen lässt.

In der Schöpfungsgeschichte findet sich der Satz:

„Da schuf Gott den Menschen nach seinem Bild, als sein Ebenbild schuf er ihn."

Vielleich schwingt in diesem Satz die Ahnung mit, dass der absolute Geist seiner Kreation Mensch so viel an Denk- und auch Handlungsfreiheit mitgeben muss, dass jener in der Auseinandersetzung mit dem Menschen wachsen kann.

Das sind alles Überlegungen, die seit langem in vielen Versionen zirkulieren.

Nichts wirklich Neues, aber doch Hinweise darauf, dass unsere Vorstellungen darüber, was „die Welt im Innersten zusammenhält“ sich immer wieder wandeln.

Dieser Wandel hat aber, wie ich vermute, nichts damit zu tun, dass unser Wissen über die Welt in dem Sinn immer adäquater wird, dass es sich immer mehr an die sogenannte „Realität“ annähert:

Die Wissenschaft der Sumerer war sicherlich nicht rückständiger als die der alten Griechen, welche über Wahrheiten verfügten, die weder „besser“ noch „schlechter“ waren als die von Newton und derer, die auf ihm aufbauten, sondern nur anders. Und über die Annäherung von Wissenschaft und Spiritualität, über die heute vor dem Hintergrund einiger Erkenntnisse der Quantenphysik so gerne geraunt wird, wird man irgendwann – ob in 100, in 500 oder in 1000 Jahren – wahrscheinlich ebenso schmunzeln wie die ungebrochen naiven Vertreter der Wissenschaftsgeschichte über das Weltbild der alten Ägypter.

Darüber aber zu spekulieren, verbietet sich in dem Maß, in dem der Satz von Popper, nämlich dass wir heute nicht wissen können, was wir morgen wissen werden, berechtigt ist.

Die bisherige Wissenschaftsgeschichte zeigt uns, dass es immer wieder einmal dazu kommt, was Thomas Kuhn „Paradigmenwechsel“ nennt. Was solche Paradigmenwechsel letztlich aber hervorruft, darüber wissen wir letztlich so gut wie nichts.

Dass die Wissenschaft der Zukunft aber „wahrer" sein wird als das, was wir heute haben oder andenken, können wir nicht sagen.

Vermutlich aber muss sie in einem Sinn, über den man viel spekulieren könnte, soziomorph sein, weil sie sonst aus dem „Urschlamm" der unendlich vielen denkerischen Möglichkeiten gar nicht an die Oberfläche des Gewässers steigen würde, welches man „Wissenschaftsgeschichte" nennen kann.

Ob die Hypothese, dass Wissenschaft soziomorph sein könnte, auch etwas mit Wahrheit zu tun hat, ist wohl nicht zu beantworten:

Der Vogel, der seinen Gesang abbricht, um sich besser hören zu können, wird keinen Erfolg haben.

Das waren nun viele Gedankenfragmente, die durch die vorgängige Stimmungsschilderung hochgespült wurden. Die nachfolgenden zwei Geschichten sind nur eine andere Version derselben Stimmungsschilderung, sodass es sich erübrigt, daran Gedankengänge zu knüpfen.

Asia Shop

Einschlafen war ok.: Bier, einige Gläschen Ouzo und ein bis zwei Gläser Südtiroler Wein sorgten bis gegen 22:00 Uhr, also ca. 5 Stunden nach Eintritt der novemberlichen Dunkelheit, für gute Bettschwere.

Er stellte das Radio auf dem Nachttisch auf eine Viertelstunde und legte sich auf eine wohlig geräkelte Seite, obwohl davon auf einer Gesundheitsseite von Youtube dringend abgeraten wurde. Er schlief also ein, obwohl er sicher sein konnte, dass bereits beim nächtlichen Wasserlassen zwischen 2:00 Uhr und 3:00 Uhr ein ziehender Schmerz im Hüftbereich auftreten würde.

Obwohl er jeden Abend seinen Wecker auf 8:00 Uhr stellte, benötigte er diesen doch nie, weil spätestens ab 6:00 Uhr der erfolglose Kampf darum begann, noch einmal in jene alternative Welt der Träume abzutauchen. Seine innere Uhr ließ sich niemals überreden und wenn erst einmal ein kleines, kaum merkliches Grau, um die elektrisch zu schließenden Jalousien zu spielen begann, hatte er den Kampf um eine kleine Zusatzmütze von Schlaf bereits verloren.

Der beginnende Winter hatte etwas von beginnendem Sterben, was ihn nicht unzufrieden gemacht hätte, wenn ihn nicht jeden Morgen jenes

Undefinierte, das man „Leben“ nannte, in einen fahlen Morgen hineingenötigt hätte. Zunehmend hatte er das Gefühl, dass das echte Leben wenig mit dem Leben zu tun hatte, an dem er sich während des Tages Stunde um Stunde in Richtung Abend heranhangelte.

Als er die Jalousien öffnete, starrte eine graue Nebelsuppe durch die Fenster. Er schob sich mit ziehendem nörgelndem Rücken aus dem Bett und in die Küche, um sich eine Tasse Kaffee aufzubrühen. Danach nahm er eine ganze Reihe von Nahrungszusätzen: Magnesium, Vitamin D, Vitamin B12 mit Folsäure, Zink und dann und wann etwas Cortison, aus dem er sich aber, dem Rat der Ärzte folgend, mehr und mehr herauszuschleichen versuchte.

Irgendwann raffte er sich auf, fuhr im Lift zur Haustüre und wurde sofort von dem halb im Nebel ragenden mächtigen spätgotischen Backsteinturm optisch in die Ecke gedrängt.

Wenige Meter weiter befand sich der „Asia Shop“, wo er sich einige Zutaten für ein seit langem geplantes thailändisches Gericht besorgen wollte. Mit dem Öffnen der Türe umfing ihn ein Universum von Gerüchen, die ihn an lange Zeit zurückliegende Aufenthalte in Asien erinnerten. Auch gut: Der Ladeninhaber sprach ihn mit dem gewohnt unverständlichen Akzent der Asiaten an und die mit einem Arm winkende goldfarbene Geldkatze neben der Kasse gab ihm ein gutes Déjà-vu.

Entgegen seiner früheren Absicht verzichtete er auf den Kauf von frischem Koriander und beließ es bei Tom-Yam-Paste und gefrorenen Garnelen.

Draußen hatte sich der Nebel inzwischen ein bisschen gelichtet.

Ende

Am Fluss

Es hatte einige Wochen so gut wie überhaupt nicht geregnet. In der Folge waren etliche Kiesbänke aus dem Fluss aufgetaucht und blichen nun in der Julisonne: leichter Geruch faulender Algen.

Das Wasser war nur noch etwa knietief und so klar, dass er die Muster der bräunlichen Steine erkennen konnte, die auf dem Flussbett lagen.

Die wochenlange Trockenheit hatte auch bewirkt, dass noch keine Stechmücken zu sehen waren, die sonst um diese Jahreszeit Spaziergänge in den Flussauen mit einigem Stress belasteten.

Seit einiger Zeit hatte er unter dem Schatten sich verengender Lebensperspektiven damit begonnen, sich Vorträge von Leuten auf Youtube anzuhören, die sich als „Lebensberater“ oder auch als „spirituelle Lehrer“ vermarkten ließen.

Bei diesen Vorträgen war dann zu hören, dass man immer nur im Jetzt leben würde, welches die einzige Realität sei und dass man deshalb die Erfahrungen der Vergangenheit sowie die auf die Zukunft gerichteten Befürchtungen und Hoffnungen aus dem Bewusstsein ausschließen solle. Auch wurde versucht, Anklang mit der These zu finden, dass alles eins sei und wir uns deshalb nur zeitweise vom Gesamtzusammenhang ablösen würden, um individuelle Erfahrungen sammeln zu können, die dann wieder in den großen Geist zurückfließen – und ihm dadurch Wachstum ermöglichen würden.

Gar nicht so uninteressant fand er auf diesem Markt der Hypothesen die Meinung, dass unsere Situation oder auch die Welt um uns insgesamt nur ein Spiegel unserer eigenen Verfasstheit oder auch der Stimmungen sei, die wir selbst schaffen würden. Aber: Wo war der Umschaltknopf zu finden?!

Da er selbst seit längerem von den verschiedensten Problemen bedrückt war, würde diese Hypothese erklären, warum er diesen perfekten Tag so gut wie überhaupt nicht wirklich genießen konnte: das Glitzern des glasklaren Wassers im seichten Fluss, das grüne Wiegen der mächtigen Bäume unter blauem Himmel oder auch die duftende Weite der großen Lichtung, die sich vom Fluss bis zu den fernen Hügeln am Horizont erstreckte.

Dort, wo ein Seitenkanal in den Hauptstrom mündend eine Kiesinsel in Dreiecksform gebildet hatte, blieb er stehen, den Blick auf den Zusammenlauf der verschiedenfarbigen Wasser gerichtet, und versuchte sich in einen Zustand restloser Gegenwärtigkeit zu versetzen, etwas, was einige der „spirituellen Lehrer“ als „no mind“ auf den Begriff zu bringen versuchten.

Er erinnerte sich daran, dass er „no mind“ in jungen Jahren, also etwa zwischen 10 und 14 mit Leichtigkeit zu erreichen im Stande gewesen war. Später, als sich der Würgegriff der sogenannten „Realität“ immer enger um seine Existenz zu legen begonnen hatte, ging diese Fähigkeit mehr und mehr verloren. Immer seltener war es ihm vergönnt „no mind“ hervorzurufen.

Es schien ihm ein Paradox zu sein, dass mit zunehmendem Alter zwar die Erlebnisfähigkeit abnahm, gleichzeitig aber auch die Chance, sich der fahler werdenden Welt durch Eintritt in den Zustand von „no mind“ zu entziehen.

Er stand da, das Gesicht zum Fluss gerichtet, und versuchte, seine Gedanken ruhig zu stellen, um der sogenannten „Realität“ durch den „Notausgang“ des „no mind“ wenigstens für einige Sekunden zu entkommen. Fast wäre das gelungen, als die Hupe eines Lastwagens akustisch explodierte, die von der anderen Seite des Flusses das entstehende Kartenhaus des „no mind“ in einer Flutwelle von Lärm zum Einsturz brachte.

Dann plötzlich noch einige Stimmen hinter ihm: Eine Gruppe Radfahrer, wahrscheinlich auf dem Weg zu einem Picknickplatz, erweckte gleichzeitig die Würgeschlange der Realität mit ihrer Heiterkeit, die er als gnadenlos giftig empfand, zu uneingeschränkter Lebendigkeit.

Einige Stunden später saß er in der lauen Abendluft des Biergartens, trank einige Biere und versuchte mit diesem Hilfsmittel dem nahe zu kommen, das sich ihm am Fluss entzogen hatte.

Irgendwann gab er aber doch endlich auf.

Ende

Wie die Zeit vergeht

Der Wetterbericht hatte Recht gehabt: Irgendwann in der Nacht hatte ein Kälteeinbruch die föhnige Luft des Vortages abgedrängt und die Temperaturen schlagartig fallen lassen.

Als er gegen Sieben durch die halbgeschlossenen Jalousien blickte (sie konnten elektrisch betätigt werden, was ihm ein angenehmes Gefühl von einer Art Luxus vermittelte), konnte er eine dünne Schneehaut auf der Straße erkennen.

Also war der Winter doch noch gekommen.

Früher, als er noch zur Schule gegangen war, war der erste Schnee nicht selten bereits in der ersten Novemberwoche gefallen und man stellte sich darauf ein, auf den Hügeln vor der Stadt bald auf Skiern herumrutschen zu können.

Das lag aber schon so lange zurück, dass es sich in der Erinnerung wie ein anderes Leben anfühlte.

Er wollte eigentlich keinen Gedanken in das brotlose Bemühen investieren, zu klären, was wir eigentlich meinen, wenn wir sagen, dass die Zeit vergeht.

Nun, der Kreis der Freunde und Bekannten wird durch Todesfälle mehr und mehr ausgedünnt, ein Autodesign, das man vor 25 Jahren todschick fand, war nun nur noch museal oder auch hässlich, ganz zu schweigen von der Umgangssprache, in der sich Worte und Wendungen einnisteten, die man vor wenigen Jahrzehnten gar nicht verstanden hätte.

Die Frage, was Zeit eigentlich ist, könnte man wahrscheinlich in die Frage umformen, warum sich alles – das eine früher, das andere später – zu ändern beginnt.

Besser einen Themenwechsel andenken!

Irgendwo im Haus konnte er kurz einen Bohrer hören, dann begann ein Kind zu trampeln und dabei laut und falsch zu singen.

Vor einigen Jahren hätte ihn das noch gestört. Jetzt, nahe am Ende dieses Lebens, gab es für ihn so gut wie nichts, was ihn gut stimmte, außer dem Brabbeln und Juchzen kleiner Kinder.

Auch beneidete er mehr und mehr die Leute, die Enkelkinder hatten. Früher, in einem Alter, in dem man normalerweise daran denkt, eine Familie zu gründen, wie die betuliche Formel lautete, hatten ihn Kinder nicht interessiert und er wollte lieber möglichst viel von der Welt sehen.

Durch das Fenster des Badezimmers beobachtete er kurz eine Gruppe von Krähen, die sich daran machten, unter der hauchdünnen Schneedecke nach Essbarem zu suchen.

„Ob sie wissen, dass sie einmal sterben werden?“ Kaum gedacht, hatte er diese Frage auch schon wieder im Meer nicht ausgedachter Belanglosigkeiten versenkt.

Zumindest dachte er noch, dass Altern auch darin besteht, dass einen immer weniger interessiert.

Vor allem daran – so ein kurzer Gedanke – könnte man die Frage festmachen, was man meint, wenn man sagt, dass die Zeit vergeht.

Wie um diesen Gedanken zu unterstreichen, schlug eine Turmuhr.

Die Radionachrichten, die sich, wie er meinte, im Grundsatz immer mehr wiederholten, würde er sich auch heute, wie immer öfter, ersparen.

Ende

Gedanken dazu:

Was das Phänomen des Alterns betrifft, so bietet der Komiker-Philosoph Karl Valentin einen Ansatz, der von denjenigen unterschrieben werden kann, die dem Altern eher pessimistisch resignativ gegenüberstehen. Valentin sagt:

„Die Zukunft war früher auch besser."

Damit liegt er auf der Linie der Adorno-Schülerin Silvia Bovenschen, die meinte, „Alter (sie sagte „Alter", nicht „Altern") ist zunehmende Zukunftslosigkeit".

Valentin und Bovenschen können damit im weitesten Sinn der existentialistischen Position gegenüber Altern und Alter zugeordnet werden, die beides als „allseitigen Verfall“ charakterisiert.

Diese kompromisslos negative Sichtweise hat vor allem Jean Amery in seinem Werk „Über das Altern: Revolte und Resignation“ vorgestellt.

Dagegen gibt es in der Geistesgeschichte, soweit über dieses Thema überhaupt reflektiert wird, ganz andere Positionen.

So sehen Denker der Antike das Altern vor allem als Möglichkeit an Reife und Weisheit zuzunehmen.

Und für Epikur ist Altern, welches ja bedeutet, dass man dem Tod nahe ist, insofern implizit irrelevant, als er auch den Tod als etwas ansieht, worüber nachzudenken nicht lohnt.

Epikur sagt: „Der Tod geht uns eigentlich nichts an. Denn solange wir sind, ist er nicht, und wenn er ist, sind wir nicht mehr.“

Für die heutigen Menschen sind Altern und der Tod, auf den jenes hinausläuft und von dem her es auch seine Bedeutung erhält, ein Skandalon, also ein Hindernis, welches es uns verwehrt, uns dem funktionalistisch hedonistischen Leitmotiv der modernen Gesellschaft zu unterwerfen. Ausnahmen finden sich allenfalls in kleinen sozialen Taschen, in denen Vertreter tiefer Religiosität noch Rückzugsgefechte führen.

Zu befürchten ist, dass die moderne Gesellschaft für die Verdrängung der Themen Alter und Tod teuer bezahlen muss. Da beides grundsätzlich Teil des Lebens ist, bedeutet ihre Verdrängung eine Verkürzung, nicht zeitlich, sondern in der Sinnhaftigkeit, des Lebens. Dies wiederum manifestiert sich in der zunehmenden Abhängigkeit von den aktuellen Erscheinungsformen dessen, was im Rom der Kaiserzeit „Brot und Spiele" genannt wurde.

Der funktionalistische Hedonismus wird aber dann an seine Grenzen stoßen, wenn „Brot und Spiele" ihre Wirksamkeit als „Schmiermittel" eines Systems verlieren, welches ohne Verdrängung elementarer Lebenskomponenten, nämlich Alter und Tod, in seinem (sehr begrenzten) Rahmen nicht mehr problemlösungsfähig sein wird.

In welchen Formen sich die Abdankung dieses Systems vollziehen wird, kann heute noch niemand sagen. Es könnte aber sehr hässlich werden, wenn jemand, der über Alter und Tod kommunizieren möchte, automatisch isoliert bzw. in die Verbannung innerer Emigration geschickt wird.

Letzte Anmerkung:

Eine Gesellschaft, die den Hinweis darauf, dass der Mensch nicht vom Brot alleine lebt, als absolut skandalös empfindet, wird schwerlich überlebensfähig sein.

Der Guru

Von allen Erklärungen zum Begriff „Guru“, die ich von meinen indischen Freunden erhalten habe, erscheint mir die folgende als am besten nachvollziehbar:

„Gu ist die spirituelle Dunkelheit, die uns in der vermeintlichen Realität blind sein lässt, während „Ru“ die Aufhebung dieser Dunkelheit bedeutet. Ein Guru wäre demnach jemand, der uns aus der spirituellen Dunkelheit befreit und uns die Augen für das Erkennen der realen Realität öffnet.

Gut gefallen hat mir auch immer der in diesem Zusammenhang oft gegebene Hinweis, dass man seinen Guru nicht suchen sollte, weil der für einen bestimmte Guru sich selbst offenbaren wird.

Es war an einem Sonntagnachmittag. Ich war unter einem grauen Himmel den Hofgartenhügel nach oben gewandert, setzte mich auf eine Bank am Entenweiher und freute mich über das aufgeregte Geschnatter, welches dann anschwoll, wenn eines der Kinder ein Stückchen Brot in das Wasser warf.

Dann brach etwas Blau durch die graue Hochnebeldecke und ich spürte sogar einen kleinen Anflug von Wärme auf meinem Hinterkopf, was kurze wohlige Anflüge von Abwesenheit auslöste.

„Ist bei Ihnen noch frei, macht es Ihnen etwas aus, wenn ich mich hier niedersetze?“

Der Frager war etwa mittelgroß, trug eine dunkelblaue Wollmütze und einen grauen Wintermantel. Sein Alter war schwer zu schätzen und dürfte irgendwo zwischen 60 und 75 gelegen haben.

Ich raffte mich zu einer einladenden Geste auf, obwohl ich eigentlich gerne allein geblieben wäre, und er nahm am äußersten Rand der Bank Platz.

„Denen schmeckt es aber“, kommentierte er das ab und an anschwellende Geschnatter der Enten. Und weiter: „Ich bin gerne hier oben, wohnen tue ich im Altersheim am Fluss. Meine Frau ist vor vier Jahren plötzlich und unerwartet verstorben und so bin ich die meiste Zeit allein, woran man sich aber durchaus gewöhnen kann. Mein Hobby, das mir aber große Freude bereitet, ist das Lesen philosophischer Texte, wobei ich mich aber dazu zwinge, Exzerpte der wichtigen Stellen zu machen, um nicht einfach über die Seiten hinweg zu rutschen.“

Ich wurde schlagartig hellhörig, denn die Menschen, die sich ernsthaft mit Philosophie befassen, und zwar mit solcher Philosophie, die nichts mit der Talmi-Philosophie unserer unsäglichen Talkshows zu tun hat, sind sehr selten geworden.

„Für welche Philosophen interessieren Sie sich besonders?“

„Von den alten Griechen eigentlich für nur sehr wenige. Nicht besonders Platon und der von ihm weitergereichte Sokrates. Dann schon eher einige Vorsokratiker, vor allem die Eleaten finde ich dagegen interessant. Aristoteles empfinde ich eher als Langweiler.“

Er schnäuzte sich und fuhr fort: „Plotin vor allem ist für mich ein Hammer, dann aber auch Augustinus mit seinen Gedanken über die Zeit, ganz zu schweigen von Hegel, von dem man eigentlich nur die Einleitung zur Phänomenologie des Geistes kennen muss, wenn man den Kern seiner Philosophie erfassen will.“

Die Szene hatte etwas Unwirkliches, fast Bizarres: Kleinkinder, die Enten fütterten, junge Eltern, deren Blick verriet, dass sie etwas suchten, was sie aber noch nicht benennen konnten, und ein plötzlich aufgetauchter Banknachbar, mit dem ich mich über Themen unterhalten konnte, die schon seit langer Zeit in den Ruinen der Erinnerung verschüttet waren.

Nach etwa einer Stunde, in der wir gegenseitig unsere Interessen abtasteten und unausgesprochen eine faszinierende Kongruenz von Interessen feststellten, verließen wir unsere Bank, um auf verschiedenen Wegen bergab zu schlurfen: Zwei alte Männer, die sich gegenseitig aufgeweckt und belebt hatten.

Etwa zehn Tage später begegneten wir uns zufällig wieder am gleichen Ort. Keiner wusste vom anderen, wie er hieß, was er gemacht hatte und warum gerade Philosophie so einen wichtigen Stellenwert bei beiden eingenommen hatte.

Ich will nicht niederschreiben, um was es bei unseren Gesprächen ging, aber es bewegte sich in eine Richtung, die unsere unausgebackenen Religionslehrer mit bedeutungsschwangerem Tonfall als „die letzten Dinge“ zu bezeichnen pflegten.

Die Treffen – immer zufällig – wiederholten sich und gaben mir eine Art „new lease of life“, wie das ein englischer Freund vor Jahrzehnten einmal ausgedrückt hatte.

Bei einem unserer Gespräche machte ich die Anmerkung, dass es doch schon ein glücklicher Zufall gewesen sei, dass ausgerechnet wir uns kennengelernt hatten.

Darauf meinte er mit großem Blick, der an mir vorbeiging: „Es gibt keine Zufälle, alles ist so extrem unwahrscheinlich, dass alles Seiende nur als Wunder gesehen werden kann. Wenn du das verstanden hast, dann hast du alles verstanden.“

Dieses Gespräch war unser letztes. So oft ich mich auch umsah, ich habe ihn nie wiedergesehen.

Ich versuchte auch im Altersheim durch Beschreibung von Aussehen, Kleidung und wahrscheinlichem Alter herauszubekommen, wer er war und wo ich ihn finden konnte.

Alles blieb vergeblich und so blieb mir nur die unendlich wichtige Überzeugung, dass unsere Bekanntschaft, wie alles, ein Wunder war und dass er mich wieder treffen würde, wenn die Zeit dafür reif wäre.

Ich glaube nicht, dass es richtig ist, zu sagen, „wer suchet, der findet“, sondern dass man gefunden wird, wenn es so weit ist.

Ende

Gedanken dazu:

Je mehr ich darüber nachdenke, ob das Zustandekommen der geschilderten Bekanntschaft Zufall war oder Notwendigkeit, umso mehr neige ich dazu zu vermuten, dass es zwischen Zufall und Notwendigkeit noch eine andere Alternative gibt.

Während philosophische Ansätze, die sich der Quantenmechanik verpflichtet fühlen, dazu neigen, eine objektive Existenz des Zufalls zu behaupten, ist die Gegenposition, die im Konzept der „prästabilisierten Harmonie“ von Leibniz ihre markanteste Ausformung erhalten hat, durchaus nicht weniger diskutabel und kann in seiner Bedeutung jederzeit auch alles andere umfassen als das Leib/Seele-Problem, das für Leibniz den Anstoß gab.

Eine Alternative zwischen Zufall und Notwendigkeit wäre u.a. das Konzept der Synchronizität, wie es vor allem von C.G. Jung in die Diskussion eingeführt wurde.

Die Frage aber, ob das Zustandekommen der geschilderten Begegnung mit dem Gesprächspartner, den ich für mich aus verschiedenen Gründen „Guru“ nannte, als Zufall, Notwendigkeit oder besser Synchronizität erklärt werden kann, wird unbeantwortet bleiben müssen, weil unser Nachdenken sich selbst zum Gegenstand machen müsste, nämlich weil ein irgendwie geartetes Mitwirken am Zustandekommen der Begegnung nicht ausgeschlossen werden kann.

Der indische Ansatz, nämlich dass man seinen Guru nicht suchen muss, weil dieser einen selbst sucht und findet, erscheint angesichts der geistigen Verrenkungen, welche die anderen Ansätze heraufbeschwören, klar und überlegen. Dem Umstand aber, dass dieser Ansatz neue Fragen aufwerfen kann, begegnet man am besten mit einem kategorischen Frageverbot, das von der Überzeugung lebt, dass uns Antworten auf die wirklich grundlegenden Fragen als Menschen einfach entzogen sind.

Somit gehört das Ausbleiben von entsprechenden Antworten zur conditio humana. Damit müssen wir wohl zufrieden sein.

Auf dem Volksfest

Ab sechs Uhr war ich eigentlich schon wach. Ich versuchte nochmals abzutauchen, aber mehr als ein Dösen war nicht zu schaffen.

Erinnerungen stiegen auf und verblassten wieder, auch, wie nicht selten in dieser Tagesphase, einige gedanklichen Probleme.

Diesmal war es das von Descartes formulierte „cogito ergo sum“, das ja ein nicht in Frage zu stellendes solides Fundament für sein System des Skeptizismus darstellen sollte.

Da schlug es 6 Uhr 15 und ich döste mich in Richtung der Überzeugung, dass das „cogito ergo sum“ bei Licht besehen eigentlich eine Petitio Principii darstellte, also einen sogenannten „Zirkelbeweis“, bei dem, wie es bei Wikipedia heißt, „… eine Behauptung durch Aussagen begründet wird, welche die zu beweisende Behauptung schon als wahr voraussetzt“.

Während ich mir eine möglichst griffige Formulierung auszudenken versuchte, mit der die Wertlosigkeit des „cogito ergo sum“ klarer auf den Begriff gebracht werden könnte, wurden meine Gedanken von einer neuen Welle unabwendbaren Halbschlafes überströmt und verwischt. Anstelle gedanklicher Bemühungen wurde ich in eine Szene aus weit entfernter Vergangenheit getragen:

Ich war mit meinem Klassenkameraden Ulli auf dem Frühjahrsvolksfest.

Es roch nach Bratwürsten, Krachmandeln, Steckerlfisch und unzähligen anderen Köstlichkeiten, während das Lärmgemisch aus unzähligen Lautsprechern eine leichte, belebende Trance verursachte.

Wir setzten uns vor dem Bierzelt auf eine der langen Holzbänke und bestellten uns eine Maß Bier – nicht eine für jeden, sondern zusammen, weil unser Budget ziemlich klein war.

Uns schräg gegenüber saß ein Mann mittleren Alters, der mit aufreizender Langsamkeit einen köstlich riechenden Steckerlfisch verzehrte.

Ulli, durch einige Schluck Bier bereits etwas enthemmt, langte über die Bank und fasste eine der knusprigen Flossen des Steckerlfisches.

Darauf der Besitzer desselben: „Finger weg von dem Fisch, ist das klar?"

Es war klar und so leerten wir so schnell wie möglich unseren Maßkrug und verließen unseren ungemütlich gewordenen Platz.

Vorbei an Kettenkarussell, Glückshafen und Geisterbahn landeten wir vor einer kleinen Bude, an der ein Mann mit heiserer Stimme dazu aufrief, das Glück beim Ringelwerfen zu versuchen.

Die Aufgabe bestand darin, einen Holzring so zu werfen, dass er so über eine quadratische Holzplatte zu liegen kam, sodass der Ring an keiner Ecke dieser Holzplatte, auf der die jeweiligen Preise (Trillerpfeifen, Taschenmesser, Stofftierchen etc.) auflag, sondern die Platte einschloss.

Da die Ringe im Verhältnis zu den Holzplatten recht klein waren, gelang es kaum einem der Ringelwerfer, die Aufgabe zu erfüllen.

Was mir aber besonderes Vergnügen bereitete, war der Reim, mit dem der Manager der Ringelwerferbude die Leute anzulocken versuchte:

„Hoppla hopp, ob Fisch oder Aal, jeder wirft hier noch einmal.“

Insbesondere das „oder“ störte meine jugendliche Logik, war ich doch der berechtigten Meinung, dass auch ein Aal ein Fisch war.

Dann verblasste der kurze Exkurs in den vergangenen Besuch des Volksfestes und ich war nun gänzlich wach – ohne jede Hoffnung, noch einmal einnicken zu können.

Beim späteren Zähneputzen kam mir aber dann der Gedanke, dass sich die logischen Probleme, die ich mit dem „Hoppla hopp…“-Reim hatte, nicht so gravierend von denen unterschieden, die ich mit dem Verdacht nährte, dass es sich bei „cogito ergo sum“ um eine Petitio Principii handelte.

Na, dann halt; es war Zeit für meinen Espresso.

Ende

Gedanken dazu:

Aus einem unvorstellbar tiefen Zeittunnel kann man manchmal noch Erinnerungen emporhieven, die überraschend gut erhalten sind.

Wie ist das eigentlich möglich?

Verweisen solche Erinnerungen vielleicht doch darauf, dass Zeit eine Illusion ist und unsere Realität eine umfassende Gleichzeitigkeit, ein pures Jetzt, dessen verschiedene Regionen man unter Umständen erfahren kann?

Man möchte oft glauben, dass unser Denkvermögen vor allem darin besteht, unbeantwortbare Fragen aufzuwerfen.

„Erkenne dich selbst!“, ist wahrlich so ziemlich das Schwierigste.

Wie ist es möglich, dass ich den Geruch des köstlichen Steckerlfisches aus meiner Geschichte bei etwas „no mind“ immer noch riechen kann?

Die Turmuhr

Als er die Balkontüre öffnete, sah er, dass es geregnet haben musste, weil der Kunstholzboden des Balkons dunkler war und glänzte.

Außerdem war der Schnee von gestern weggewaschen worden.

Die Luft, die durch die geöffnete Türe in die Wohnung einfloss, war deutlich wärmer als noch gestern.

Er machte die üblichen Kniebeugen und bemühte sich dabei, darauf zu achten, dass er mit vorgehaltenen Armen auch den Rücken ordentlich dehnte.

Den Abend hatte er mit einigen Telefongesprächen und unruhiger Betätigung der Fernbedienung hinter sich gebracht, bis er spürte, dass er die ersehnte Bettschwere erreicht hatte.

Er leerte noch den letzten kleinen Schluck Merlot, verzichtete auf Zähneputzen und rollte sich, eine gedankliche Anleihe bei Heine nehmend, in seine „Bettengruft“, die noch genau so aussah, wie er sie am Morgen zuvor verlassen hatte.

Irgendwann, mitten in der Nacht, war er zur Toilette gestolpert, um sich dann so schnell wie möglich wieder der Abfolge seiner Träume zu überlassen, an deren Inhalt er sich meistens nicht erinnern konnte.

Als er die Balkontüre wieder schloss und sich den üblichen Espresso machte, hörte er die Turmuhr schlagen. Wie oft, konnte er nicht sagen, da er durch einen Gedanken von Marc Aurel abgelenkt war, der sinngemäß gemeint hatte, dass das Glück des Lebens vom Inhalt der Gedanken abhängen würde.

Daraus ergaben sich Fragen über Fragen, denen nachzugehen er aber keine Energie hatte.

Ende

Dementsprechend: Keine Gedanken dazu

Draußen vor dem Fenster

Vom Fenster meines kleinen Arbeitszimmers konnte ich auf eine Reihe geparkter Autos sehen. Die Einfahrt, an der sie standen, war nicht befestigt und da es die ganze Nacht geregnet hatte, hatten sich auf dem lehmigen Boden Pfützen gebildet. Obwohl der Himmel grau und regenschwer aussah, zeichneten sich momentan keine Ringe von Regentropfen auf den Pfützen ab.

Wenn ich wissen wollte, ob es regnete, beobachtete ich die Pfützen unter dem Fenster, um zu sehen, ob die Tropfen Ringe machten. Für eine direkte Beobachtung von fallendem Regen waren meine Augen schon zu schwach geworden.

Bevor ich mich an meinen Schreibtisch setzte hatte ich die Balkontüre im Wohnzimmer für einige Minuten geöffnet, hatte einige Kniebeugen im frischen Luftstrom hinter mich gebracht und mir danach den üblichen Espresso gemacht. Die Luft, die von außen hereinsickerte, war überraschend warm für Anfang Februar und fühlte sich fast wie Föhn an.

Halblinks unter dem Fenster meines Arbeitszimmers befand sich ein kleiner Spielplatz mit einem grün gestrichenen Eingangstor.

Eine junge Frau mit einem aufgespannten bonbonblauen Regenschirm (die Pfützen zeigten jetzt wieder Ringe) betrat den Spielplatz und zog das Eingangstor wieder hinter sich zu. Dann war sie außerhalb meines Blickwinkels.

Die Frage, was sie auf dem Spielplatz wollte, beschäftigte mich nur den Bruchteil einer Sekunde. Vielleicht hatte ich sie auch gar nicht wirklich gesehen.

In der Reihe der geparkten Autos gingen ein Paar Abblendlichter an und eines der Fahrzeuge bewegte sich rückwärts, ohne dass ich nur den geringsten Ton des Motors hören konnte.

Eigentlich wollte ich, wie jeden Tag, einige Zeitungen im Netz lesen, aber irgendwie fehlte mir heute das Interesse daran.

Ich griff nach einem Paperback („Preisreduziertes beschädigtes Remittendenexemplar") mit Kurzgeschichten von Isaac Asimov und öffnete eine Seite nach dem Zufallsprinzip. Dort las ich: „Wenn man einen Menschen aus der Vergangenheit holt oder ihn dorthin zurückschickt, dann entsteht natürlich eine größere Wunde. Handelt es sich dabei um einen gewöhnlichen Menschen, ist die Veränderung so gering, dass die Wunde sich ohne weiteres wieder schließt."

Ich brach die Lektüre ab, weil mich der müde Geruch alter Belanglosigkeit anflog.

In jungen Jahren war ich begeisterter Leser von Asimov gewesen, heute langweilte er mich mit würgender Systematik.

Das ging mir aber mit vielen Schriftstellern so, die mich in jüngeren Jahren begeistert hatten. Sogar meine absoluten Helden der klassischen Literatur, also Hölderlin, Goethe, Eichendorf und vor allem Novalis, nahm ich so gut wie nie mehr zur Hand.

Woher kam die Müdigkeit, die zunehmend Interessen auslöschte?

Es war wohl so, dass diese Müdigkeit Teil des Alterungsprozesses war und uns vielleicht dabei behilflich sein sollte, den Abschied von einer Welt zu erleichtern, die uns immer fremder wird?

Gestern hatte ich in einem Anflug von Pseudointeresse den Ausführungen einiger „Esos“ im Netz gefolgt, die empfahlen, durch bestimmte Meditationen die Zirbeldrüse zu aktivieren und so einen höheren Bewusstseinszustand zu erreichen.

Dann sagte mir mein unbestechlicher Realitätssinn, den ich von der Seite meiner Mutter geerbt hatte, dass das alles Käse war und ich mir besser ein Glas Merlot gönnen sollte. Gedacht, getan – ich schaltete die Kiste ab.

Die Ringe auf den Pfützen waren inzwischen plastischer geworden, es begann sich einzuregnen, wie man so sagt.

Ende

Anstelle von Gedanken dazu, lieber ein kleiner Reim, der vielleicht weiterführt als die oben skizzierten Sachverhalte:

„Es fällt ein Blatt,
Der Tropfen drauf,
Der nächtens drauf fiel,
Der fällt auch.“

Experiment und Expedition angedacht

Als ich mich immer mehr dem „echten“ Alter zu nähern begann, das sich den früheren launigen Sprüchen verweigert, wie z.B. „die Einschläge kommen immer näher“, kam es immer häufiger dazu, dass sich mir eine Bestandsaufnahme meiner Situation aufdrängte.

Diese gab wenig Anlass zu Freude: Mein soziales Umfeld war durch vielfältig bedingten Rückzug oder auch durch Wegsterben stetig geschrumpft, berufliche Pläne, geschweige denn Perspektiven, gab es ehrlich eingestanden keine mehr und die Zuneigung meiner Frau mutierte aus Gründen, die ich durchaus verstehen konnte, zu freundschaftlicher Hilfsbereitschaft.

Dazu warfen zunehmende, wenn auch nicht dramatische körperliche Abbauerscheinungen immer längere Schatten auf das kleine Bisschen Lebensfreude, welches ich dem Umstand schuldete, dass man eine vor drei Jahren diagnostizierte Krebserkrankung inzwischen gut in Schach gehalten hatte. Der Preis dafür waren verschiedene Einschränkungen als Folge der Chemotherapie. Dazu gehörten u.a. ein beträchtlicher Geschmacksverlust, Kurzatmigkeit wegen einer chemobedingten Lungenfibrose und vor allem die ungewohnte Erfahrung der Endlichkeit, wie sie sich in den langen einsamen Krankenhausnächten herausgebildet hatte, in denen die langsam fallenden Tropfen der Infusion zum einzigen Zeitmaß geworden waren.

Eines regnerischen Morgens schob sich vorsichtig, aber doch nachdrücklich die Frage in mein Denken, Bewusstsein, oder wie auch immer man den mysteriösen Treibanker nennen mag, an dem unser Ich festgemacht ist, was ich mit meiner Restzeit noch machen könnte, um noch irgendeinen Gewinn (keine Ahnung, welcher Art ein solcher sein könnte) zu erzielen.

Während ich schwächlich versuchte, zu diesem Thema einige Gedanken zu fassen, schlug das Telefon an.

Charlie war dran, ein langjähriger Klassenkamerad, der mir sagte, dass ein gemeinsamer Bekannter ins Krankenhaus eingeliefert worden sei und dass einiges darauf hindeuten würde, dass die Metastasen, die bei dem Betreffenden im vergangenen Sommer aufgespürt worden seien, zum entscheidenden und letzten Angriff geblasen hätten.

Kurz danach erhielt ich eine SMS von der Frau des Kranken, in der sie mir mitteilte, dass ihr Mann keine Telefonanrufe mehr beantworten würde und seit einem Tag auf der Palliativstation liegen würde.

Die SMS endete ohne Grußformel, was mir bestätigte, dass die Situation genauso ernst war, wie ich selbst vermutet hatte.

Es war ein schöner Vorfrühlingstag. Die Sonne lag wärmend auf den Dachziegeln, die noch vor kurzem den ganzen Tag im Raureif erstarrt gewesen waren, und die Menschen auf der Straße bewegten sich lebendiger als noch in der Kälte vor einigen Tagen.

Während ich noch überlegte, ob ich die Flasche Alentejo, die ich im Kühlschrank wusste, jetzt entkorken sollte oder erst später am Abend (es hatte gerade 9:00 Uhr geschlagen), kam mir folgende Frage und folgender Gedanke in den Kopf:

Auf was eigentlich wartete ich noch?

Die wenigen Pfützen verbleibender Lebensperspektiven waren in der Kälte des Alterns zugefroren, soweit sie nicht schon ausgetrocknet waren, und das, was man das „Jetzt" nennt, schrumpfte mit großer Geschwindigkeit zu einer nicht mehr beschreibbaren Singularität zusammen – ohne Geschmack, Klang oder irgendeine vorstellbare Substanz.

Da kam mir unvermittelt der folgende Gedanke:

Warum nicht noch einmal aus der Einengung ausbrechen, die mir täglich mehr den Atem nahm? Warum nicht einfach Geld, Kreditkarten zusammenpacken, einen Koffer mit Bekleidung und

Wäsche sowie die Gitarre und die Bluesharps im Auto verstauen und einfach losfahren?

Wohin? Mit welchem Ziel?

Die Idee, die sich immer mehr in mir festsetzte, war es, einfach loszufahren und zu sehen, was passieren würde. Ohne Absicht oder Ziel ins Blaue zu fahren, wo auch immer Halt zu machen und darauf zu achten, ob und was man dabei vielleicht noch lernen könnte in der Abwesenheit jeglicher Programmierung.

An dieser Stelle muss ich einige Anmerkungen machen:

Obwohl ich grundsätzlich ohne jegliche Planung losfahren wollte, schloss ich es von Anfang an aus, dass die generelle Himmelsrichtung, in die ich mich bewegen wollte, eine andere sein würde als Süden.

Ich kann nicht sagen, warum das so war, aber neben dem Umstand, dass sich meine schönsten Erinnerungen mit dem Süden verbanden, spielte es sicherlich eine große Rolle, dass sich meine gewichtigsten Eindrücke des wunderbaren Zaubers dieser Welt im Rahmen einer Urlaubsreise entwickelt hatten, die unsere Familie 1956 nach Italien unternommen hatte.

Seitdem war die Erfahrung einer schöneren und heitereren Welt für mich immer mit dem Überschreiten der Alpen verbunden und dem Anblick der ersten Zypressen, der sich auf einer Reise nach Süden mit dem Auslaufen der Bergketten bot.

Obwohl ich mir eine Planung der Reise verboten hatte, projizierte meine Phantasie doch einige Vorstellungen bevorstehender möglicher Abschnitte der Reise und Orte möglicher kürzerer oder längerer Aufenthalte auf den Bildschirm meiner Erwartungen. Das sah etwa so aus:

Ostumgehung München, Irschenberg, Inntalautobahn – alles nicht der Rede wert; dann würde ich Richtung Brennergrenze fahren, wobei der Wipptalerhof, unmittelbar an der Brennerautobahn gelegen, einen ersten bedeutungsvollen Akzent setzen würde: Dort nämlich pflegten meine Eltern auf der Fahrt in ihr geliebtes Südtirol, eine Brotzeitpause einzulegen. Ich würde sie bei der Vorbeifahrt am Wipptalerhof in Gedanken grüßen, nicht ohne die Hoffnung auf irgendeine positive Antwort aus der Transzendenz.

Bis zur Ausfahrt „Gardasee Süd“ erwartete ich nichts, was besondere Aufmerksamkeit im System meiner Gedanken und Emotionen hervorrufen würde. Diese Ausfahrt würde ich aber sicher zur Kenntnis nehmen, weil ich sie mit wunderbaren Erinnerungen assoziierte: Erster magisch guter Anblick des Sees am Hafen von Peschiera, die Abzweigung in Richtung Valeggio, die in das kleine Borghetto am grünen Mincio führte, wo es sich vor der „Antica Locanda“ so unglaublich stilvoll tafeln ließ.

Dann wurden die Vorstellungen des Reiseverlaufs immer blasser:

Ich wusste nicht, ob ich im früher oft besuchten Sirmione Unterkunft für ein, zwei oder drei Tage nehmen oder einfach weiter nach Süden fahren würde, die Ausfahrt „Gardasee Süd“ ignorierend, dem kurzen Hintergrundrauschen uralter Erinnerungen überlassend.

Irgendwann würde die Autostrada an Modena, Bologna, Rimini vorbeiführen und dann würde ich mich lange Zeit, die Adria auf der linken Seite, der Ausfahrt zu den Orten des Gargano nähern.

In diesem Stadium meiner vorauseilenden Reisephantasien hakte sich der Gedanke in meinen Vorstellungen ein, dass ich drauf und dran war, von dem ursprünglichen Plan Abstand zu nehmen, der ja darin bestand, aus einer Reise ohne Planung mögliche Erkenntnisse zu gewinnen.

Bisher bewegten sich alle meine Vorstellungen auf ausgetretenen Pfaden, auf denen es höchst unwahrscheinlich war, dass ich Neues erfahren würde, aus dem sich dann – das war ja meine Hoffnung – ermutigende Erkenntnisse über den Sinn des Lebens gewinnen lassen würden.

Daraus entwickelte sich weiter die Frage, ob es denn überhaupt möglich sein kann, völlig ungeplant „ins Blaue“ zu verreisen. Und weiter: Ist es uns nicht grundsätzlich unmöglich, echt unbekannte Wege einzuschlagen? Oder ist es uns nicht aufgrund unserer ureigensten Konstruktion verwehrt, Zugang zum genuinen nicht-Ich zu erlangen?

Plötzlich wurde mir klar, dass es ganz und gar unmöglich war, aus dem Raum unserer Vorlieben, Erfahrungen (gibt es echte Erfahrungen oder sind diese nicht immer irgendeine Art von Erinnerung?), ja überhaupt aus unserem Bewusstsein hinauszutreten?

Dann kam noch folgerichtig der Gedanke, dass wir nur durch etwas, was außerhalb des Hamsterrades unseres Bewusstseins liegen müsste, Zugang zu wirklich Neuem erhalten könnten.

Man könnte auch sagen, so der Gedanke, mit dem ich abbrach, dass die Erfahrung von echt Neuem und Unbekannten nur durch so etwas wie Offenbarung denkbar ist.

Meine Idee von der ungeplanten Reise habe ich dann als grundsätzlich fruchtlos zur Seite gelegt: Wenn wir ohnehin auf Offenbarung angewiesen sind, um wirklich zu lernen, dann kann sich diese auch jederzeit an jedem Ort ereignen.

Fahrten ins Blaue werden die Wahrscheinlichkeit von Offenbarung nicht erhöhen.

Ich räumte die hervorgesuchten Reiseutensilien wieder an ihren Platz und beschloss, mich einfach überraschen zu lassen.

Es war jetzt kurz nach 10:00 Uhr, also Zeit für einige belanglose Anrufe und einen zweiten Espresso.

Ende

Nun wieder ein kleines Gedicht anstelle der „Gedanken dazu“, das auf (zugegeben alberne Weise) andeuten soll, dass der Verzicht auf ungewohnte Planungen und deren Ausführung wohl eine Art Ende ankündigt:

„Es lebt der Specht
In Saus und Braus
Solang er hämmert,
Sonst ist‘s aus.“

Erinnerung an Biergartenpläne

Als das Telefon anschlug, wusste ich bereits, worum es ging.

Das hatte nichts damit zu tun, dass ich den Namen auf dem Display gelesen hatte, sondern mit einer Gewissheit, die sich über Wochen gefestigt hatte.

Wie erwartet war es die Stimme seiner Frau, die großen Abstand zwischen den einzelnen Worten ließ: „Er ist heute um 8 Uhr15 gestorben. Wenigstens hat man ihn noch sediert, nachdem die üblichen Schmerzmittel nicht mehr wirkten."

In solchen Situationen ist es schwierig, etwas zu sagen, was irgendwie Sinn macht. Ich weiß nicht mehr, was ich gesagt hatte, aber es konnte nicht anders gewesen sein, als dass meine Sätze nur nichtssagend waren. Jedenfalls konnte ich annehmen, dass mein Atmen ihr die tiefe Betroffenheit anzeigte, die ich wirklich zutiefst empfand.

Wieder war also ein gutes Stück Land von meiner schrumpfenden sozialen Insel abgebrochen und in dem unendlichen Meer des Unbekannten versunken.

Als der letzte Sommer einige gute Tage gebracht hatte, war ich mit dem jetzt Verstorbenen noch im Biergarten gesessen und wir hatten verabredet, dass wir diesen schönen Brauch auch im nächsten Jahr pflegen würden.

Trotz einiger Eingriffe am Magen und an der Speiseröhre schmeckte ihm das Bier und er war dann auch gut drauf gewesen. An eine mögliche Rückkehr des Krebses dachte in diesen guten Stunden keiner von uns.

„Morgen werde ich mich mit seinen Kindern aus erster Ehe treffen und alles mit dem Bestattungsinstitut regeln."

Ich wusste immer noch nichts zu sagen, was irgendwie helfen könnte.

„Wenigstens ist er schmerzfrei gestorben", hörte ich mich sagen und dann war das Gespräch bald versandet und wir verabschiedeten uns – nicht ohne das schwächliche Versprechen, uns bald einmal zum Gespräch zusammenzusetzen.

Ich legte den Hörer auf.

Der feine Nebel hatte sich fast ganz verflüchtigt und auf dem Balkon lag noch etwas Sonnenschein.

Ich setzte mich nach draußen, ein Glas Sauvignon in der Hand, prostete in Gedanken dem Verstorbenen zu und wünschte ihm dabei das Allerbeste.

Später verfolgte ich im Fernsehen den Vortrag eines amerikanischen Motivationstrainers, der sich darum bemühte, die Überzeugung rüberzubringen, dass wir es selbst in der Hand hätten, das Leben gut zu gestalten.

Ich war sehr müde, auch weil ich mein Glas immer wieder nachgefüllt hatte.

Ich stellte mir nochmals meinen verstorbenen guten Kumpel vor und rollte mich, ohne die Zähne geputzt zu haben, in mein Bett.

Daran, dass ich in absehbarer Zeit wohl wieder aufwachen würde, versuchte ich nicht mehr zu denken.

Das Radio auf meinem Nachttisch hatte ich noch so eingestellt, dass es sich in 15 Minuten selbst abschalten würde.

Das wars dann wieder einmal.

Ende

Keine Gedanken dazu.